Mit aktuellen und besten Informationen für die Erreichung und Erhaltung eines dauerhaft schlanken Bodys präsentiert Ihnen Gerald H. Koller sein erfolgsorientiertes Modell

„MEIN SCHLANKPLANER -FS & WALKING".

Das Motto für

MEIN SCHLANKPLANER -FS & WALKING:

EIN STARKER WILLE

UND MUSKELENERGIE

BRINGT BEWEGUNG

IN MEIN LEBEN

LANGSAM ABER SICHER

WIRD ES WIEDER

EINEN SCHLANKEN,

VITALEN BODY GEBEN

Gerald H. Koller

MEIN SCHLANKPLANER -FS & WALKING

www.tredition.de

© 2016 Gerald H. Koller

Covergestaltung: Gerald H. Koller
Fotos (Cover und Innenteil): Gerald H. Koller
Listen (Idee und Gestaltung): Gerald H. Koller
Zeichnungen: Gerald H. Koller
Lektorin: Mag.ª phil. Desiree Koller, MA

Verlag: tredition GmbH, Mittelweg 177, 20148 Hamburg
Printed in Germany
ISBN: 978-3-7323-0155-3

Das Werk, einschließlich seiner Teile, ist urheberrechtlich geschützt. Jede Verwertung ist ohne Zustimmung des Verlages und des Autors unzulässig. Dies gilt insbesondere für die elektronische oder sonstige Vervielfältigung, Übersetzung, Verbreitung und öffentliche Zugänglichmachung.

Bibliografische Information der Deutschen Nationalbibliothek: Die Deutsche Nationalbibliothek verzeichnet diese Publikation in der Deutschen Nationalbibliografie; detaillierte bibliografische Daten sind im Internet über http://dnb.d-nb.de abrufbar.

INHALT

8	•DANKSAGUNG
9	•VORWORT
10	•ERKLÄRUNGEN FÜR DIE KURZBEZEICHNUNGEN
11 - 13	•KURZFASSUNG
14	•ÄRZTLICHE KONTROLLE
15	•FITNESS-TEST
16 - 17	•FETTVERBRENNUNGS-PULSBEREICH BERECHNEN
18	•HERZFREQUENZ-PULSUHR
19	•MÖGLICHE URSACHEN FÜR DIE GEWICHTSZUNAHME
20	•**GEHEN ANSTATT FAHREN - kleine regelmäßige Besorgungen**
21	•GESCHMACKSVERSTÄRKER
22	•DICKMACHENDE FETTE
23 - 24	•DICKMACHENDE FRUCTOSE / FRUKTOSE
25	•STEVIA SÜSSUNGSMITTEL - anstelle von Zucker
26	•OPTIMALE PORTIONEN PRO TAG
27	•EIWEISSE (PROTEINE) FÜR EIWEISSREICHE MENÜS
28	•VOR DEM FRÜHSTÜCK
29 - 30	•FRÜHSTÜCK
31 - 32	•HAUPTMAHLZEIT - Menü A > Gewohntes Essen
33 - 34	•HAUPTMAHLZEIT - Menü B > Mediterraner Thunfischsalat
35	•HAUPTMAHLZEIT - Menü B > Schnellzubereitung- Wildlachs oder Thunfisch gewürzt
36	•HAUPTMAHLZEIT - Menü B > ohne Fisch
37	•GEGEN HUNGERGEFÜHL - am Vormittag
38	•GEGEN HUNGERGEFÜHL - am Nachmittag
39	•GEGEN HUNGERGEFÜHL - nach dem Abendessen
40	•BAUCHUMFANG-MESSUNG
41	•GEWICHTSKONTROLLE

42	•BEISPIEL: BEWEGUNGSZIELORT BZ11

43	•BEWEGUNGSZIELORT BZ11 - Fitness-Aktivierung
44	•BEWEGUNG BEI SCHLECHTWETTER - AQUA-WALKING
45	•BEWEGUNG IM BERUFSALLTAG

46	•BEWEGUNGSZIELORT BZ13 - Fitness-Aktivierung
47 - 49	•TAGESCHECK-Zwischenergebnis - vom 6. bis Ende 18. Monat
50	•NACH 18 MONATEN FITNESS-AKTIVIERUNG

51	• -FS & WALKING - BEWEGUNGSZIELORT BZ15 - Walking
52	• -FS & WALKING - Walking im Frühling
53	• -FS & WALKING - Walking im Sommer
54	• -FS & WALKING - Walking im Herbst
55	• -FS & WALKING - Skilanglauf, Schneeschuhwandern

56 - 59	•**TAGESCHECK-Endergebnis -** **vom 19. bis Ende 24. Monat**
60	•SCHLANKER BODY - in weniger als 24 Monaten erreicht
61	•NACH 24 MONATEN - MEIN SCHLANKPLANER -FS & WALKING
62	•Vorlage 1 - **KONTROLLE: BAUCHUMFANG UND GEWICHT 1-12**
63	•Vorlage 2 - **KONTROLLE: BAUCHUMFANG UND GEWICHT 13-24**
64	•Vorlage 3 - BZ11 LISTE
65	•Vorlage 4 - BZ13 LISTE
66	•Vorlage 5 - BZ15 LISTE
67	•Vorlage 6 - NACHTRÄGLICHE KONTROLLE UND ÜBERSICHT
68 - 69	•**MEIN SCHLANKPLANER - Fitnessmusik**

70	•LITERATURVERZEICHNIS
71	•INTERNETQUELLENVERZEICHNIS

•DANKSAGUNG

Der größte Dank gilt meiner Familie für die langjährige Unterstützung in sämtlichen Bereichen dieses Buches.

In vielen Ernährungs- und Bewegungs-Testphasen unterstützte mich meine Frau Gertraud um optimale Ergebnisse zu erreichen.

Bei der Datenverarbeitung der Bilder und Texte half mir mein Sohn Peter-Philipp mit diversen Computer-Programmen.

Meine Tochter Desiree kontrollierte und korrigierte sämtliche Texte für ein leichtverständliches Lesevergnügen.

• VORWORT

Die in diesem Buch enthaltenen Informationen sind Ergebnisse aus meinem Selbststudium der Ernährung und sportlichen Bewegungsarten. Sämtliche Bereiche wurden von mir persönlich jahrelang genauestens geplant, sehr erfolgreich getestet und dokumentiert.

MEIN SCHLANKPLANER -FS & WALKING

wird Ihnen als Ratgeber helfen, langsam aber sicher und ohne zusätzliche Geldausgaben wieder einen schlanken Body zu bekommen.

Für die schonende Wiederherstellung Ihres schlanken Körpers benötigen Sie nur etwas Planungszeit für:

> die Einteilung von unbedingt notwendiger, regelmäßiger Bewegung in Ihrem Tagesablauf und

> die Änderung Ihrer Ernährungsgewohnheiten.

Mit der Auswertung der Tageschecklisten (Tagescheck- Zwischen- und Endergebnis) als Kontrollsystem haben Sie jederzeit eine genaue Regulierungsmöglichkeit für Ihren schlanken Body.

Mit diesem Buch können Sie nun Ihr eigenes, erfolgsorientiertes SCHLANKETAILLE-MANAGEMENT durchführen.

Gerald H. Koller

• **ERKLÄRUNGEN**
FÜR DIE KURZBEZEICHNUNGEN

> **-FS**: (Englisch) minus FAT minus SUGAR. Bezeichnet zusätzlich einen bleibenden Begriff für: Bewusst genießen.
> **-F**: Minimaler Konsum von dickmachenden Fetten.
> **-S**: Vermeidung von Zucker (Sugar).
> **BZ**: Bewegungszielort (Zielort beim Gehen oder Walking).
> **11, 13, 15**: Minutenangabe für die Geh- oder Walking-Zeit.
> **BZ11**: 11 Minuten gehen - vom Ausgangsort zum Bewegungszielort BZ11 und 11 Minuten wieder zurück zum Ausgangsort (Fitnessaktivierung).
> **BZ13**: 13 Minuten gehen - vom Ausgangsort zum Bewegungszielort BZ13 und 13 Minuten wieder zurück zum Ausgangsort (Fitnessaktivierung).
> **& WALKING**: Zügiges oder auch Sportliches Gehen.
> **BZ15**: 15 Minuten zügiges Gehen (Walking) - vom Ausgangsort zum Bewegungszielort BZ15 und wieder 15 Minuten zurück zum Ausgangsort.
> **BZ11 LISTE, BZ13 LISTE, BZ15 LISTE**: Bewegungszielort-Listen dienen als Vorlage und Übersicht für die Eintragungen Ihrer Geh- und Walkingwege zu den Bewegungszielorten.
> **BZ11-1, BZ11-2, BZ11-3 usw., BZ13-1, BZ13-2, BZ13-3 usw., BZ15-1, BZ15-2, BZ15-3 usw.**: Fortlaufende Nummerierungen der Geh- oder Walkingwege in den jeweils betreffenden Bewegungszielort-Listen.
> **1 dl** (Deziliter) = **0,1 Liter**

• KURZFASSUNG

-**FS** mit Fitnessaktivierung: 1. bis Ende 18. Monat.

-**FS & WALKING**: 19. bis Ende 24. Monat.

Durch den langen Zeitraum von 24 Monaten wird sich Ihr Körper sehr schonend auf die unbedingt notwendige, regelmäßige Bewegung sowie auch auf eine wesentlich gesündere Ernährung umstellen. Die Hauptmenüs werden in **MENÜ A** (gewohntes Essen) und **MENÜ B** (gesundes Essen für einen schlanken Body) geteilt. **Täglich sollte ein MENÜ A und ein MENÜ B konsumiert werden**, sodass eine gesunde, abwechslungsreiche und vollwertige Ernährung erreicht wird.

Bevor Sie mit -**FS** beginnen, tragen Sie auf der Seite 62 in die Liste „Vorlage 1 - KONTROLLE: BAUCHUMFANG UND GEWICHT 1-12" Ihr Beginn-Datum, Ihren Bauchumfang sowie Ihr Gewicht ein.

Mit -**FS** beginnt auch gleichzeitig Ihre Fitnessaktivierung durch regelmäßige Bewegung am Morgen nach dem Frühstück zum 1. Bewegungszielort BZ11-1 sowie wieder zurück zum Ausgangsort. Ihre Fitnessaktivierung am Morgen können Sie statt zu BZ11 auch im Berufsalltag einplanen (siehe „BEWEGUNG IM BERUFSALLTAG").

Durch die regelmäßige Bewegung werden Ihre Muskeln trainiert und schrumpfen nicht. Diese Muskeln werden unbedingt für die Fettverbrennung benötigt.

Ihr täglicher Durstlöscher sollte vorrangig warmer grüner Tee ohne Zuckerzusatz sein. Grüner Tee fördert das Abnehmen. Achten Sie besonders zu Beginn von **-FS**, dass Ihre Bewegung nicht zu anstrengend wird (langsames Gehtempo), denn Bewegung sollte Spaß machen. Nach einigen Monaten regelmäßiger Bewegung werden Sie feststellen, dass Ihr erster Bewegungszielort immer schneller und leichter erreichbar wird.

Ab dem 6. **-FS** Monat gibt es zusätzlich zum BZ11 am Morgen auch nach dem Mittag- oder Abendessen Ihren Bewegungszielort BZ13. Ihre zusätzliche Fitnessaktivierung nach dem Mittag- oder Abendessen können Sie statt zu BZ13 auch im Berufsalltag einplanen (siehe „BEWEGUNG IM BERUFSALLTAG").

Für die monatlichen Eintragungen als Kontrolle Ihrer Erfolge ab dem 13. Monat, verwenden Sie auf der Seite 63 die Liste „Vorlage 2 - KONTROLLE: BAUCHUMFANG UND GEWICHT 13-24".

Mit dem „**TAGESCHECK- Zwischenergebnis**" haben Sie vom 6. bis zum Ende 18. Monat die Möglichkeit, Ihren derzeitigen **-FS** Erfolgszustand festzustellen.

Da sich Ihr Gehtempo bis zum Ende des 18. **-FS** Monats wie bei einem sportlichen Walker erhöht, wird Ihr Bewegungserfolg mit der Bezeichnung:

& WALKING zu **-FS** erweitert.

-FS & WALKING beginnt ab dem 19. Monat. Walken Sie mit zügigem Gehtempo täglich nach dem Frühstück, Mittag- und Abendessen zum neuen Bewegungszielort BZ15 und wieder zurück zum Ausgangsort. Ihr zügiges Gehtempo (Walking) können Sie statt zu BZ15 auch im Berufsalltag einplanen (siehe „BEWEGUNG IM BERUFSALLTAG").

Auch im letzten Abschnitt von **-FS & WALKING** gibt es für Ihren positiven Erfolg die Kontrollmöglichkeit mit dem
„TAGESCHECK Endergebnis". Ihre TAGESCHECK-Auswertung sollte regelmäßig maximale „OK Ergebnisse" ergeben.

Als Ergänzung nach dem 24. Monat haben Sie die Möglichkeit, Ihren schlanken Body eventuell auch noch in den weiteren Monaten zu kontrollieren (Stabilitätskontrollen).

Für die Eintragungen Ihrer Ergebnisse können Sie auf der Seite 67, die „Vorlage 6 - NACHTRÄGLICHE KONTROLLE UND ÜBERSICHT: STABILITÄTSKONTROLLE - NACH DEM 24. MONAT BAUCHUMFANG UND GEWICHT" verwenden.

•ÄRZTLICHE KONTROLLE

Bevor Sie mit **-FS & WALKING** beginnen, machen Sie eventuell bei einem Hormonfacharzt (Endokrinologe) eine Hormonstoffwechsel-Kontrolle. Ist Ihr Bauchumfang und Übergewicht nicht die Ursache einer Hormonstörung, können Sie mit **-FS & WALKING** beginnen und mit Sicherheit einen bleibenden schlanken Body erreichen.

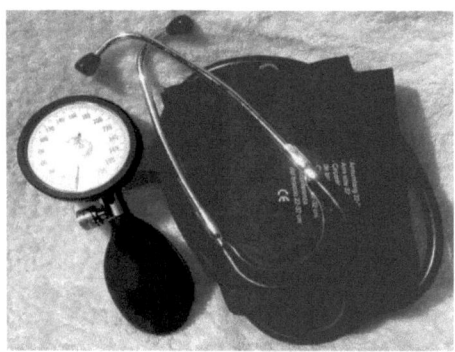

Besuchen Sie auch Ihren betreuenden Allgemein-Arzt und machen Sie einen Gesundheitscheck. Sehr wichtig könnte weiters eine Kontrolle Ihres Vitamin C-Spiegels sein. Vitamin C fördert unter anderem auch die Bildung der fettabbauenden Hormone.

• FITNESS-TEST

Die genaueste Methode für die Feststellung Ihrer aktuellen Fitness ist ein Leistungstest mit einem Fahrrad-Ergometer bei einem Sportarzt.

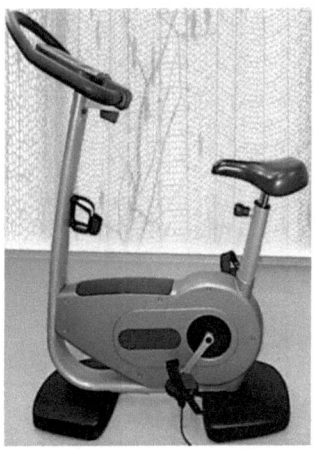

Durch die Auswertung Ihrer Ergebnisse vom Arzt können Sie ohne Überbelastung Ihres Körpers mit einer Pulsfrequenzuhr im körperschonenden Fettverbrennungs-Pulsbereich Ihre Bewegungsaktivitäten durchführen.

•FETTVERBRENNUNGS-PULSBEREICH BERECHNEN

Als grobe altersangepasste Orientierung können Sie Ihren Fettverbrennungs-Pulsbereich auch selbst berechnen.

Berechnen Sie vorerst Ihre maximale Herzfrequenz (MHF): 220 minus Lebensalter ergibt Ihre maximale Herzfrequenz.

Berechnen Sie anschließend Ihren mini- und maximalen Fettverbrennungspuls:
Ihr minimaler Fettverbrennungspuls: MHF x 0,55.
Ihr maximaler Fettverbrennungspuls: MHF x 0,65.

BEISPIELE FETTVERBRENNUNGS-PULSBEREICH:

Lebensalter:	Maximale Herzfrequenz MHF:	Puls minimal:	Puls maximal:
20	200	110	130
25	195	107	127
30	190	104	123
35	185	102	120
40	180	99	117
45	175	96	114
50	170	93	110
55	165	91	107
60	160	88	104
65	155	85	101
70	150	82	97

IHR SELBST BERECHNETER
FETTVERBRENNUNGS-PULSBEREICH:

Maximale Herzfrequenz MHF:	PULS minimal:	PULS maximal:
....	....	....

IHR FETTVERBRENNUNGS-PULSBEREICH
VOM SPORTARZT:

Maximale Herzfrequenz MHF:	PULS minimal:	PULS maximal:
....	....	....

Sie sollten sich nur im Fettverbrennungs-Pulsbereich zwischen Puls minimal und Puls maximal bewegen.

Beachten Sie jedoch vorrangig den von Ihrem Sportarzt ausgewerteten Fettverbrennungs-Pulsbereich, denn dabei wurde Ihre Fitness berücksichtigt.

• HERZFREQUENZ-PULSUHR

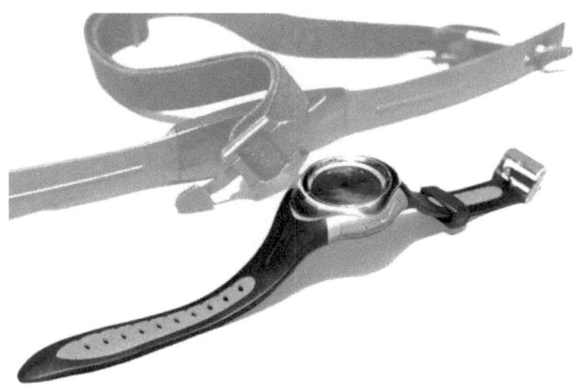

Die Herzfrequenzmesser messen mit hoher Genauigkeit die Pulsfrequenz. Sie bestehen aus einem Brustgurt mit eingebautem Sender sowie einer Pulsuhr als Empfänger. Der Brustgurt registriert den Herzschlag. Gleichzeitig wird die aktuelle Herzfrequenz über Funk vom Brustgurt zur Pulsuhranzeige gesendet.

Mit einer Herzfrequenz-Pulsuhr haben Sie die Möglichkeit Ihren Puls beim Gehen sehr genau zu kontrollieren. Der von Ihrem Sportarzt ausgewertete maximale Fettverbrennungspuls sollte nicht überschritten werden.

• MÖGLICHE URSACHEN FÜR DIE GEWICHTSZUNAHME

> **Regelmäßig gleichzeitige Nahrungsaufnahme von dickmachenden Fetten mit Zucker**

> regelmäßig unkontrollierte Nahrungsaufnahme von versteckten dickmachenden Fetten in Brotaufstrichen und Wurstwaren
> **regelmäßig fettes Fastfood-Essen**
> durch sehr fettreiche Mahlzeiten könnte das Sättigungsgefühl erst nach über 90 Minuten spürbar werden
> **hastiges Essen**
> regelmäßiger Konsum von Nahrungsmitteln mit Geschmacksverstärkern (Glutamaten)
> **regelmäßiger Konsum von süßen Industrie-Backwaren mit Zucker und gehärteten Fetten oder Kokosfett**
> **regelmäßiger Konsum von Süßigkeiten mit Zucker**
> **regelmäßiger Konsum von Getränken mit Zuckergehalt**
> regelmäßiger Konsum von Light-Getränken
> regelmäßiger Konsum von Nektarsäften
> **Alkoholgenuss fördert die Speicherung von Fett**
> regelmäßig feste Nahrungsaufnahme nach dem Abendessen oder kurz vor dem Schlafengehen
> regelmäßig zu wenig Schlaf (weniger als 5 Stunden)
> keine oder zu wenig regelmäßige Bewegung.

• GEHEN ANSTATT FAHREN -
kleine regelmäßige Besorgungen

Machen Sie Ihre gewohnten, regelmäßigen, kleinen Besorgungen von Lebensmitteln und dergleichen in der näheren Umgebung Ihres Wohnbereiches nicht mit dem Auto oder anderen Fahrzeugen.
Gehen Sie zu Fuß und denken Sie immer an den Erfolg Ihres schlanken Bodys.

Jeder Schritt zählt und verbraucht langsam aber sicher zu viel gespeicherte Energie in Form von Fettreserven Ihres Körpers.

Wenn Sie während des Gehens ein leichtes Hunger,- oder Durstgefühl empfinden, dann trinken Sie etwas - empfehlenswert sind Getränke ohne Zuckerzusatz und ohne Alkoholgehalt.

· GESCHMACKSVERSTÄRKER

Viele industrielle Nahrungsmittel enthalten appetitmachende Geschmacksverstärker (Glutamate) unter der Bezeichnung von:

> E 620

> E 621

> E 622

> E 623

> E 624

> E 625

Die jährliche, weltweite Glutamatproduktion erhöhte sich im Jahr 2009 von 262000 Tonnen (1976) auf zwei Millionen Tonnen. (Quelle: Die Ernährungslüge - Hans-Ulrich Grimm).

Auch ohne der Bezeichnungen von E 620 bis E 625 auf den Verpackungen, gibt es für die geschmackliche Ergänzung, chemieverstärkte Zusätze in der Fertignahrung, die zum Beispiel unter den Bezeichnungen von Hefeextrakt, Würze, Sojawürze, Speisewürze zu finden sind.

Weiterführende Glutamat-Informationen finden Sie unter:
· Internetquellenverzeichnis[1].

Besorgen Sie sich für die Zubereitung Ihrer schlanketaillenfördernden Menüs vorwiegend Lebensmittel von höchster Qualität aus einer kontrolliert biologischen Landwirtschaft.

• DICKMACHENDE FETTE

Vorwiegend tierische Fette (außer Fischfette) wurden in diesem Buch nur deshalb als „dickmachende Fette" bezeichnet, weil diese Fette größtenteils aus gesättigten Fettsäuren bestehen, welche sehr leicht bei Übergenuss und mangelnder Bewegung als Energiespeicher im Fettgewebe gespeichert werden können. Bei Zimmertemperatur haben dickmachende Fette eine feste Konsistenz und sind daher auf ein Minimum zu reduzieren:
- **Butter,**
- **Butterschmalz,**
- **Geflügelfett,**
- **Haushaltsmargarine,**
- **Kokosfett,**
- **Palmkernfett,**
- **Rinderfett,**
- **Schweineschmalz.**

Genießen Sie als Ersatz für die warme Küche nur gesunde, pflanzliche, hochwertige Öle, wie zum Beispiel:
- **Oliven- oder BIO-Rapsöl** (kalt gepresst oder nativ extra).

Für die kalte Küche genießen Sie täglich, zu Fisch oder Salat:
- **Einen Teelöffel kalt gepresstes BIO-Leinöl.**

Mit genügend Bewegung und bewusster Ernährung wird gespeichertes Fett mittels Muskelbewegung langsam aber sicher verbrannt. Somit wird Fettgewebe (Bauchumfang und Übergewicht) reduziert.

• DICKMACHENDE FRUCTOSE / FRUKTOSE

Glucose-Fructose-Sirup und **Fructose-Glucose-Sirup** oder auch „**High Fructose Corn Syrup (HFCS)**" mit hoher Süßkraft ist kein natürliches Produkt aus Früchten, sondern ein spezielles High-Tech Süßungsmittel-Konzentrat aus Stärke.

Bei der Herstellung von diversen Softdrinks werden anstelle von Zucker vorwiegend Süßungsmittel-Konzentrate verwendet.

Softdrinks sind alkoholfreie Erfrischungsgetränke und werden bezeichnet als:
> **Limonade, Fruchtnektar, Fruchtsaftgetränk, Fruchtsaft, Fruchtsirup, Brause.**

Außerdem werden viele Fertigprodukte, wie zum Beispiel:
> **Desserts, Kuchen, Torten, Eis,**
  ebenfalls mit Süßungsmittel-Konzentrate gesüßt.

Ein regelmäßiger, übermäßiger Konsum von Softdrinks und Fertigprodukten mit dem Süßungsmittel-Zusatz:
  > **Glucose-Fructose-Sirup** (mit mehr als 5 % Fructose in der Trockenmasse) und
  > **Fructose-Glucose-Sirup** (mit mehr als 50 % Fructoseanteil) könnte Ihren Bauchumfang sowie Ihr Gewicht relativ schnell erhöhen.

In einer Studie der „Yale University School of Medicine" in New Haven (USA) erforschte Dr. Kathleen A. Page mit ihren Mitarbeitern die Auswirkungen einer hoch-fructosereichen Ernährung im Gehirn.

Dabei wurde dokumentiert, dass ein erhöhter Fructose-Verzehr appetitanregend wirkt und ein späteres Sättigungsgefühl einsetzt im Vergleich zu Glucose. Dies könnte möglicherweise Fettleibigkeit verursachen.

Diese Studie wurde am 2. Jänner 2013 im „JAMA The Journal of the American Medical Association" veröffentlicht.

• STEVIA SÜSSUNGSMITTEL - anstelle von Zucker

Der schweizer Botaniker Dr. Moises Santiago Bertoni entdeckte im Jahr 1887 im paraguayisch-brasilianischen Hochland eine Pflanze, deren Blätter bis zu dreißigmal süßer als Zucker sind. 1905 ordnete er diese Pflanze der Gattung Stevia mit dem Namen „Stevia rebaudiana Bertoni" zu.[2]

Seit einigen Jahrhunderten wird Stevia als natürliches Süßungsmittel in Paraguay und Brasilien verwendet. In Japan dient Stevia seit über 30 Jahren als Nahrungsmittelzusatz.

In der EU wurde die Verordnung von Stevia Süßungsmittel (Extrakt aus Steviablätter) mit der Bezeichnung E 960 oder Steviolglycoside am 2. Dezember 2011 zugelassen.[3]

Stevia Süßungsmittel gibt es als flüssige Tafelsüße, aber auch in Tabletten- und Pulverform.

Genießen Sie die Steviasüße. Sie ist bis zu 300-mal süßer als Zucker, aber wirkt sich nicht auf eine Zunahme des Bauchumfanges oder Körpergewichtes aus.

• OPTIMALE PORTIONEN PRO TAG

AM MORGEN:

NORMALE PORTION

ZU MITTAG:

LEICHT REDUZIERTE PORTION

AM ABEND:
KLEINE PORTION
(besonders für Menü A)

Tipp:
Die Hauptmahlzeiten (Mittag- und Abendessen) zeitlich eventuell etwas vorverlegen, sodass nach dem Abendessen bis zum Schlafengehen vier bis fünf Stunden ohne feste Nahrungsaufnahme bleiben.

• EIWEISSE (PROTEINE) - FÜR EIWEISSREICHE MENÜS

> Eiweiße sind Kalorienkiller.
> Ein regelmäßiges, eiweißreiches Menü fördert die Fettverbrennung und Erhaltung der Muskel.

Kombinieren Sie tierische Eiweiße, wie zum Beispiel:
> Kalbfleisch mager,
> Schweinefleisch mager,
> Wild mager,
> Putenfilet,
> Fisch,

mit pflanzlichen Eiweiße als Beilage:
> Erbsen,
> Linsen,
> Mungobohnen,
> Kidneybohnen.

Bierhefe als Würzmittel:
Bierhefe als Flocken oder Pulver enthält unter anderem viele wertvolle Vitamine, Mineralstoffe und sehr viel Eiweiß.
Bierhefe ist ein reines Naturprodukt aus der Bierherstellung.

> Zum Würzen können Sie Ihre Menüs mit etwas Bierhefe mild und ein wenig eiweißreicher verfeinern.

• VOR DEM FRÜHSTÜCK

Trinken Sie 15 Minuten vor Beginn Ihres Frühstücks etwa 3 dl (3 Deziliter = 0,3 Liter) frisch gepressten Orangen- oder Grapefruitsaft. Sie könnten aber auch Direktfruchtsäfte (direkt gepresst ohne Zuckerzusatz) verwenden.

Gönnen Sie sich täglich zusätzlich zum frischen Fruchtsaft einen Teelöffel (etwa 5 Milliliter) höchste, natürliche Vitamin C Qualität eines biologischen Acerola-Fruchtsaftes (100 %).
Außerdem können Sie Ihren vitaminreichen Fruchtsaft mit ein bis zwei gehäuften Teelöffeln Bierhefeextrakt in Form von Pulver oder Flocken ergänzen.

Mit sehr wertvollen Vitalstoffen fördert dieser belebende Fitmacherdrink Ihren schlanken Body.
Bio-Acerola-Fruchtsaft und Bierhefeextrakt bekommen Sie im Reformhaus, Naturkostladen oder Drogeriemarkt.

• FRÜHSTÜCK

Genießen Sie:
> Haferflocken-Müsli mit zusätzlich zwei bis drei gehäuften Esslöffeln Haferkleie (20 bis 30 Gramm) und eventuell bis zu zwei gehäuften Teelöffeln Bio-Leinsamen geschrotet. Haferkleie (Randschichten des Korns) besteht nur aus kalorienarmen Ballaststoffen. Haferprodukte sind ein reines Vollkornprodukt und enthalten hochwertige, gesunde Inhaltstoffe.

Tipp: Hafer sättigt wesentlich mehr als andere Getreidesorten und fördert mit genügend Flüssigkeit, bei regelmäßiger Konsumierung Ihren schlanken Body.

> Haferflocken sofort löslich für heiße und kalte Getränke,
> Vollkornbrot oder Vollkorngebäck,
> Natürliche Erdnussmus-Brotaufstriche (ohne Zusätze),
> Fruchtaufstriche ohne Zuckerzusatz,
> Trockenfrüchte,
> Fettreduzierte Milchprodukte,
> Stevia Süßungsmittel für Tee, Kaffee, Kakao, Müsli usw.

Genießen Sie
> vorrangig für Ihre Brot- und Gebäck-Aufstriche gesundes, schlankmachendes[4], **weißes Bio-Mandelmus**[5] aus dem Reformhaus, Naturkostladen, oder Drogeriemarkt.

Das weiße Bio-Mandelmus besteht nur aus ungerösteten, blanchierten, süßen, weißen Mandeln und enthält reichlich pflanzliches Eiweiß, gesunde Fettsäuren sowie wertvolle Mineralstoffe und Vitamine.

Vermeiden Sie:
> Zuckerzusatz zu Müsli und Getränke,
> Kaffeeobers, Käse und Milch mit hohem Fettanteil,
> Gebäck oder Industriebackwaren mit Zucker,
> Brotaufstriche mit Zucker.

---

[4] Bei regelmäßiger Verwendung.

[5] Anstatt Aufstriche oder Streichfette aus tierischen Fetten.

• HAUPTMAHLZEIT - Menü A
> Gewohntes Essen

Ihr bisher gewohntes Mittag- oder Abendessen wird als **Menü A** bezeichnet.

Pro Tag sollte das **Menü A** jedoch nur einmal konsumiert werden.

Achten Sie bei der Menü-Auswahl auf gesunde, hochwertige Lebensmittel.

Ein Abendessen als **Menü A** könnte etwas eiweißreicher sein, wie zum Beispiel:
> Mageres Fleisch mit Hülsenfrüchten als Beilage,
> Milchspeisen mit Leichtmilch (fettreduzierter Milch).

Reduzieren Sie auf ein Minimum:
> Hackfleisch (Faschiertes),
> Die Zubereitung der Speisen mit Kokos- oder tierischem Fett,
> Saucen und Übergüsse aus tierischem Fett,
> Speisen und Beilagen aus der Friteuse.

Vermeiden Sie:
> Haupt- und Nachspeisen mit Zuckergehalt.

Genießen Sie:
> Zwei- bis dreimal wöchentlich Fischgerichte gegrillt oder gebraten,
> Viel Frischgemüse, Naturreis, Salate,
> Vollkorngebäck, Vollkornbrot,
> Wassermelonen, Kiwis, Orangen, Grapefruits,
> Nur mit Stevia-Süßungsmittel gesüßte Nachspeisen,
> Wasser oder Mineralwasser mit Limetten- oder Zitronensaft,
> Frucht- und Gemüsesäfte (ohne Zuckerzusatz) mit Wasser gemischt,
> Kaffee oder Tee (ohne Zuckerzusatz),
> Pro Tag maximal 20 Gramm dunkle Schokolade nur mit Stevia gesüßt.

Bier oder Wein pro Woche:
> Maximal 3 mal 3 dl Bier oder
> 3 mal 1 dl Wein.

Tipp:
Essen Sie langsam, denn der Magen sendet dem Gehirn erst nach ca. 20 Minuten ein Sättigungsgefühl.

Bei sehr fettreichem Essen könnte ein Sättigungsgefühl erst nach 60 bis 90 Minuten spürbar werden.

• HAUPTMAHLZEIT - Menü B
> Mediterraner Thunfischsalat

Genießen Sie einmal pro Tag als Mittag- oder Abendessen ein **Menü B** (mit höchster Fisch- und Ölqualität).

Zutaten:
100 bis 160 Gramm Thunfischkonserve in Oliven- oder Rapsöl, Blattsalat, Tafeloliven, Kapern, frischen, roten Paprika, Kirsch- oder Cocktailtomaten, eventuell etwas Zwiebel oder Knoblauch, Basilikumblätter, etwas Apfel- oder Würzessig, Zitronensaft, natives Olivenöl extra (Güteklasse 1), etwas BIO-Leinöl, Vollkornbrot oder Vollkorngebäck.

Mediterraner Thunfischsalat

Zubereitung:
Ein Salatteller wird reichlich mit Blattsalat und abgetropftem, zerteilten Thunfisch belegt und mit Cocktailtomaten, rotem Paprika, Tafeloliven, Kapern, Basilikumblätter, eventuell ein wenig Zwiebeln oder Knoblauch garniert.

Mit Olivenöl, etwas BIO-Leinöl und Zitronensaft, Apfel- oder Würzessig wird Ihr Mediterraner Thunfischsalat zum Gourmet- und Schlanke-Taille- Menü.

> Getränk zu Mittag:
Grüner Tee warm mit Limetten- oder Orangensaft ohne Zuckerzusatz.

> Getränk am Abend:
Früchtetee warm ohne Zuckerzusatz.

• HAUPTMAHLZEIT - **Menü B**
> **Schnellzubereitung - Wildlachs oder Thunfisch gewürzt**

In kurzer Zeit lässt sich ein geschnittener Wildlachs oder ein abgetropfter Thunfisch sehr genussvoll zubereiten.

Zutaten:
100 bis 160 Gramm Wildlachs oder Thunfischkonserve, Gewürzöl mit Olivenöl, etwas BIO-Leinöl, bunte Pfefferkörner frisch gemahlen, Limettensaft oder milder Würzessig.

Zubereitung:
Ein Salatteller wird mit Lachs oder zerteiltem Thunfisch belegt und mit Gewürzöl, etwas BIO-Leinöl, einer bunten Pfeffermischung aus der Pfeffermühle sowie mit etwas Limettensaft oder Würzessig verfeinert. Dazu Vollkorngebäck oder Vollkornbrot.

> **Getränk zu Mittag**: Grüner Tee warm mit Limetten- oder Orangensaft ohne Zuckerzusatz.

> **Getränk am Abend**: Früchtetee warm ohne Zuckerzusatz.

• **HAUPTMAHLZEIT - Menü B**
> **ohne Fisch**

Genießen Sie auch ohne Fisch - einmal pro Tag als Mittag- oder Abendessen - ein **Menü B**.

Achten Sie bei der Menüauswahl auf die Qualität der Zutaten! Auch Ihr **Menü B > ohne Fisch** fördert Ihren schlanken Body.

Vermeiden Sie:
> Speisen und Getränke mit Zuckergehalt.

Verwenden Sie:
Höchste Ölqualitäten bei Ihrer Zubereitung für Ihr **Menü B**, wie zum Beispiel:
> Olivenöl Güteklasse 1 (kaltgepresst), Raps-, Maiskeim- oder Sonnenblumenöl.

Genießen Sie:
> Magere Fleischgerichte mit Gemüsebeilagen und Salat,
> Sojagerichte (Tofu),
> Milchspeisen mit fettreduzierter Milch (Leichtmilch),
> Wokgerichte.

Menü B als Abendessen:
Verwenden Sie für die Zubereitung vorwiegend fettarme sowie eiweißreiche Lebensmittel, wie zum Beispiel:
> Mageres Kalbfleisch oder Putenbrust mit ein wenig Erbsen, Linsen oder Bohnen, Gemüse und Salaten.

> Milchspeisen mit fettreduzierter Milch (Leichtmilch, Magermilch).

• GEGEN HUNGERGEFÜHL - am Vormittag

Für die Zubereitung von 1 Liter Tee genügen drei Teelöffel Grüntee. Verwenden Sie für die Warmhaltung eine Thermoskanne. Bei leichtem Hungergefühl trinken Sie warmen Grüntee aus Ihrer Thermoskanne mit frisch gepresstem Orangensaft oder anderen Vitamin C haltigen Fruchtsäften ohne Zuckerzusatz.

Essen Sie zwischendurch keine Süßigkeiten mit Zuckergehalt! Etwas fettreichere Zwischenmahlzeiten aus tierischen Fetten sollten nur bei einer starken körperlichen Belastung eine Ausnahme bleiben.

Genießen Sie frisches Obst oder eventuell eine Avocado. Reife Avocados lassen sich leicht eindrücken. Schneiden Sie die Frucht bis zum Kern der Länge nach in zwei Teile. Den Kern herausheben, mit Limettensaft verfeinern und auslöffeln. Avocados sind sättigend und enthalten viele gesunde, wertvolle Inhaltsstoffe.

Tipp: Trinken Sie auch 30 Minuten vor dem Mittagessen ca. 2 bis 3 dl Grüntee mit Limettensaft. Dadurch wird Heißhunger vermindert.

•GEGEN HUNGERGEFÜHL - am Nachmittag

Essen Sie täglich 30 bis 60 Minuten nach dem Mittagessen Wassermelonen oder frisches Obst, wie zum Beispiel:
> Erdbeeren, Kiwis, Papayas, Grapefruits, Orangen, Mangos oder Guaven.

Trinken Sie bei leichtem Hungergefühl warmen Grüntee aus Ihrer Thermoskanne mit frisch gepresstem Orangensaft oder andere Vitamin C haltige Fruchtsäfte ohne Zuckerzusatz.

Tipp:
Ein hastiges Abendessen kann vermieden werden, wenn Sie etwa 30 Minuten vor dem Essen 2 bis 3 dl Mineralwasser mit wenig Kohlensäure oder ein zucker- und alkoholfreies Getränk trinken.

• GEGEN HUNGERGEFÜHL - nach dem Abendessen

Trinken Sie warmen Früchtetee mit etwas Limettensaft oder andere warme Getränke ohne Zuckerzusatz. Für längere Abende verwenden Sie dazu bei Bedarf wieder Ihre Thermoskanne.

Ohne Zuckergehalt können Sie auch kühle Getränke, wie zum Beispiel:

> Soja- oder magere Milchmixprodukte, genießen. Falls Sie trotzdem süßen möchten, verwenden Sie nur Stevia-Süßungsmittel.

Tipp:
Intensives Verlangen nach etwas Süßem mit Zuckergehalt könnte reduziert werden, wenn Sie täglich einen gehäuften Teelöffel reines Bierhefeextrakt in Form von Flocken oder Pulver zu warmer Leichtmilch oder einem anderen zuckerfreiem Getränk mischen.

• BAUCHUMFANG-MESSUNG

Da ein erhöhter Bauchumfang die Gesundheit gefährden kann, legte die Weltgesundheitsorganisation WHO Grenzwerte für den Taillen- oder auch Bauchumfang fest.

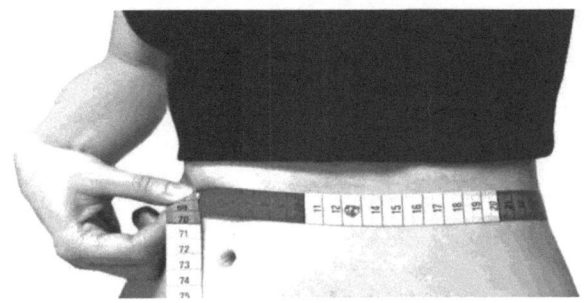

**Für Frauen beginnt ein erhöhter Bauchumfang
mit mehr als 80 Zentimeter,
für Männer mit mehr als 94 Zentimeter.**

Ein stark erhöhter Bauchumfang
**beginnt für Frauen mit mehr als 88 Zentimeter,
für Männer mit mehr als 102 Zentimeter.**

Der Bauchumfang wird waagrecht etwa 2 cm über dem Bauchnabel stehend mit freiem Oberkörper gemessen. Machen Sie wöchentlich am Morgen noch vor dem Frühstück eine Bauchumfang-Messung.

Verwenden Sie für die Eintragung Ihrer monatlichen Messergebnisse die Listen „Vorlage 1 und Vorlage 2 - KONTROLLE: BAUCHUMFANG UND GEWICHT 1-12 und 13-24".

• GEWICHTSKONTROLLE

Machen Sie zwei- bis dreimal wöchentlich am Morgen, ohne Kleider nach der Toilette und vor dem Frühstück, eine Gewichtskontrolle.

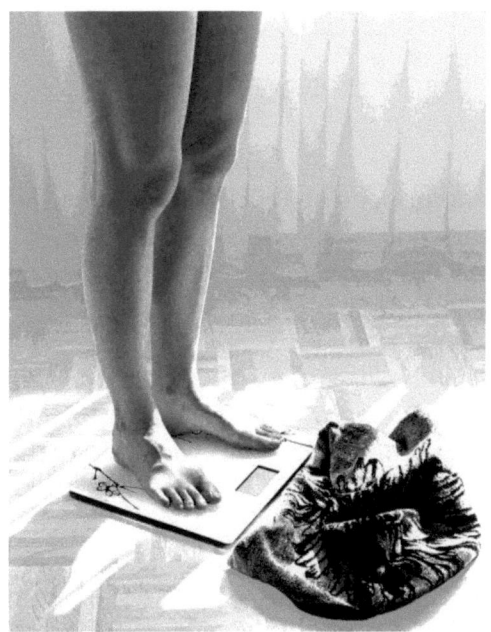

Verwenden Sie für die Eintragung Ihrer monatlichen Gewichtsergebnisse die Listen „Vorlage 1 und Vorlage 2 - KONTROLLE: BAUCHUMFANG UND GEWICHT 1-12 und 13-24".

• BEISPIEL: BEWEGUNGSZIELORT BZ11

Ihr Ausgangsort ist eine Brücke über einem Fluss. Von dieser Brücke beginnen Sie flussabwärts zu gehen.
Nach 11 Minuten bleiben Sie stehen. Sie befinden sich am Bewegungszielort BZ11.

Ohne Pause gehen Sie wieder 11 Minuten flussaufwärts zurück zum Ausgangsort. Ihre erforderliche Mindestbewegungszeit (Gesamtbewegungszeit) von 22 Minuten haben Sie nun erreicht.

Auch die Parkscheinautomaten im Stadtgebiet eignen sich wegen der genauen Zeitanzeige als Ausgangs- und Bewegungszielort.

Da die Entfernung vom Ausgangsort zum Bewegungszielort nur die Hälfte der Gesamtbewegungszeit entfernt ist, wird die Bewegung als „sehr leicht durchführbar" empfunden.

• BEWEGUNGSZIELORT BZ11 -
Fitness-Aktivierung

Ab 1. Monat -
Beginn Ihrer täglichen Bewegung.

BZ11-1:

Genießen Sie die belebende Frische am Morgen und gehen Sie gemütlich 11 Minuten einen ebenen Weg vom Ausgangsort zum 1. Bewegungszielort BZ11-1, und ohne Pause wieder 11 Minuten zurück zum Ausgangsort.

Mit Ihrer täglichen Mindestbewegungszeit zum und vom BZ11-1 beginnt Ihr positiver Erfolg für einen schlanken Body.

Erkunden Sie Ihre morgendliche Umgebung, sodass es abwechslungsreiche Bewegungszielorte gibt.

Für eventuelle Eintragungen Ihrer Lieblings-BZ11 können Sie die Liste „Vorlage 3 - BZ11 LISTE" verwenden.

Bewegungszielorte BZ11 beginnen gleichzeitig mit **-FS** ab dem 1. Monat und bleiben 18 Monate lang Ihre morgendlichen
„FITMACHER-BEWEGUNGSZIELORTE".

Sie können Ihre morgendliche Bewegung, anstelle zu BZ11, mit einer 22 Minuten Gehzeit, auch im Berufsalltag einplanen (siehe BEWEGUNG IM BERUFSALLTAG).

• BEWEGUNG BEI SCHLECHTWETTER - AQUA-WALKING

Nutzen Sie eventuell als Bewegungsersatz bei Schlechtwetter die Möglichkeit, Ihre Fitness im Schwimmbad mit Aqua-Walking zu steigern.

Ohne große Anstrengung geht man am Beckenboden mit Armbewegung durch das Wasser. Der maximale Wasserstand sollte dabei etwa im Brustbereich sein.

Jeder Muskel des gesamten Bewegungsapparates wird im Schwebezustand trainiert. Durch den Wasserwiderstand ist der Energieverbrauch, aber auch Ihre Fettverbrennung, etwas höher als beim Bewegen an Land.

Besonders zu Beginn kann diese Bewegungsaktivierung im Wasser (maximal 20 Minuten) für Ihre Fitness sehr erfolgreich sein. Ab dem 7. Monat können Sie Ihre Walkingzeit im Wasser (ohne große Anstrengung) auf 30 bis 40 Minuten erhöhen.

Auch für Nichtschwimmer ist Aqua-Walking sehr gut geeignet.

• BEWEGUNG IM BERUFSALLTAG

Planen Sie Ihre unbedingt notwendige Bewegung auch im Berufsalltag ein und nutzen Sie die täglichen Gehmöglichkeiten zu sowie von Ihrem Arbeitsort. Spätestens ab **-FS & WALKING** (19. Monat) sollte auch in der Mittagszeit, nach dem Mittagessen, ein Bewegungszielort BZ15 eingeplant werden.

Vom 1. bis 6. **-FS** Monat: Täglich am Morgen 22 Minuten Gehzeit.

Vom 7. bis 18. **-FS** Monat: Täglich am Morgen 22 Minuten und zu Mittag oder am Abend 26 Minuten Gehzeit.

Vom 19. bis 24. **-FS & WALKING** Monat: Täglich am Morgen 30 Minuten, zu Mittag 30 Minuten und am Abend 30 Minuten Walking.

• BEWEGUNGSZIELORT BZ13 -
Fitness-Aktivierung

Ab 6. Monat -
Ihre 2. Bewegungsaktivität ergänzend zu BZ11.

BZ13-1:
13 Minuten vom Ausgangsort zum 1. Bewegungszielort BZ13-1 und, ohne Pause, wieder 13 Minuten zurück, sind für die tägliche Bewegung nach dem Mittag- oder Abendessen bestimmt.

Die Entfernung vom Ausgangsort zum BZ13 sollte circa 650 Meter sein. Das entspricht einer Gehgeschwindigkeit von etwa 3 Kilometer pro Stunde.

Durch Ihre langsam steigernde Bewegungsaktivität, ergänzend zu BZ11 am Morgen, wird - langsam, aber sicher - überschüssiges Körperfett verbrannt.

Für eventuelle Eintragungen Ihrer zusätzlichen Bewegungszielorte BZ13 können Sie die Liste „ Vorlage 4 - BZ13 LISTE" verwenden.

Sie können Ihre tägliche 2. Bewegungsaktivität, anstelle zu BZ13, auch im Berufsalltag, mit einer Gehzeit von 26 Minuten einplanen (siehe BEWEGUNG IM BERUFSALLTAG).

Tipp:
Besorgen Sie sich gute, bequeme Walking- oder Joggingschuhe im Schuhfachgeschäft. Für harte Böden sind Schuhe mit einer speziellen Dämpfung empfehlenswert.

• TAGESCHECK- Zwischenergebnis -
vom 6. bis Ende 18. Monat

Kontrolle ab dem 6. -FS Monat.

Zwischenergebnis Vormittag:

- **OK FRÜHSTÜCK -FS (bewusst genießen)**
  - FRÜHSTÜCK - mit viel tierischen Fetten und Zucker
- **OK BEWEGUNG - nach dem Frühstück zu BZ11**
  - KEINE BEWEGUNG - nach dem Frühstück
- **OK OBST - am Vormittag**
  - GROSSE ZWISCHENMAHLZEIT AM VORMITTAG - mit Zuckergehalt, oder viel tierischen Fetten
- **OK GETRÄNKE AM VORMITTAG - ohne Zucker**
  - GETRÄNKE AM VORMITTAG - mit Zucker
- **OK MITTAGESSEN -FS (bewusst genießen)**
  - GROSSE PORTION MITTAGESSEN - mit Zuckergehalt, oder viel tierischen Fetten
  - DESSERT - mit Zucker

Zwischenergebnis Nachmittag:

OK WASSERMELONEN ODER OBST AM NACHMITTAG
- **GROSSE ZWISCHENMAHLZEIT AM NACHMITTAG -**
  mit Zuckergehalt, oder viel tierischen Fetten

OK GETRÄNKE AM NACHMITTAG - ohne Zucker
- **GETRÄNKE AM NACHMITTAG** - mit Zucker

OK ABENDESSEN -
  mindestens 5 Stunden vor dem Schlafengehen

OK ABENDESSEN -FS (bewusst genießen)
- **GROSSE PORTION ABENDESSEN -**
  mit Zuckergehalt, oder viel tierischen Fetten
- **DESSERT** - mit Zucker

OK BEWEGUNG -
  nach dem Mittag- oder Abendessen zu BZ13
- **KEINE BEWEGUNG** - nach dem Mittag-
  oder Abendessen

OK GETRÄNKE NACH DEM ABENDESSEN - ohne Zucker
- **GETRÄNKE NACH DEM ABENDESSEN** - mit Zucker
- **FESTE NAHRUNGSAUFNAHME** - kurz vor dem
  Schlafengehen

OK MINDESTENS 2 LITER FLÜSSIGKEIT -
  pro Tag getrunken
- **WENIGER ALS 2 LITER FLÜSSIGKEIT -**
  pro Tag getrunken
- **ALKOHOLKONSUM -**
  mehr als 3 dl Bier oder 1 dl Wein

___ **Summe - Zwischenergebnis**

AUSWERTUNG
Tagescheck- Zwischenergebnis:

Zählen Sie
Ihre **OK** Zwischenergebnisse

von den Listen „Zwischenergebnis Vormittag:

und Zwischenergebnis Nachmittag:" zusammen.

Regelmäßig „**12 OK Zwischenergebnisse**"

sind Ihre besten Erfolgschancen.

Zählen Sie
Ihre - (MINUS) Zwischenergebnisse

von den Listen „Zwischenergebnis Vormittag:

und Zwischenergebnis Nachmittag:" zusammen.

Regelmäßige „MINUS Zwischenergebnisse"

verhindern einen schlanken Body.

• NACH 18 MONATEN FITNESS-AKTIVIERUNG

Nach 18 Monaten langsam steigender Bewegungs- und Fitness-Aktivierung haben Sie es geschafft, als sportlicher Walker, Ihr 19. Monat zu beginnen.

Ihr Fitnesserfolg wird mit der Bezeichnung:
 & WALKING zu -FS als Belohnung ergänzt.

- **-FS & WALKING -**

    BEWEGUNGSZIELORT BZ15 - Walking

Ab dem 19. MONAT -

Beginn Ihrer sportlichen Bewegung (Walking).

Walking wird als sportliche Variante des Gehens bezeichnet. Die Ellbogen sind leicht angewinkelt und schwingen wechselseitig zu den Füßen mit.
Langsames Walking beginnt bei etwa fünf Kilometer pro Stunde (ergeben 1250 Meter vom Ausgangsort zu BZ15).

Mit Armeinsatz und zügigem Tempo walken Sie 15 Minuten nach dem Frühstück, Mittag- und Abendessen vom Ausgangsort zum neuen Bewegungszielort BZ15 sowie, ohne Pause, wieder zurück zum Ausgangsort.

Verwenden Sie die Liste „Vorlage 5 - BZ15 LISTE" für eventuelle Eintragungen Ihrer neuen Bewegungszielorte (Walkingzielorte).

Sie können Ihre täglichen Walkingzeiten, anstelle zum BZ15, mit einer drei Mal 30 Minuten Gehzeit (jeweils am Morgen, zu Mittag und am Abend), auch im Berufsalltag einplanen (siehe BEWEGUNG IM BERUFSALLTAG).

Tipp:
Trinken Sie beim Walking, bei leichtem Durstgefühl, vorwiegend magnesium- und kalziumreiches Mineralwasser, mit Apfelsaft gemischt.

-FS & WALKING - Walking im Frühling

- **-FS & WALKING - Walking im Sommer**

• -FS & WALKING - Walking im Herbst

- -FS & WALKING – Skilanglauf – Schneeschuhwandern

- **TAGESCHECK- Endergebnis –**
  vom 19. bis Ende 24. Monat

Kontrolle ab dem 19. Monat (-FS & WALKING).

Endergebnis Vormittag:

- **OK FRÜHSTÜCK -FS (bewusst genießen)**
  - **FRÜHSTÜCK** - mit viel tierischen Fetten und Zucker
- **OK WALKING - nach dem Frühstück zu BZ15**
  - **OHNE WALKING** - nach dem Frühstück
- **OK OBST - am Vormittag**
  - **GROSSE ZWISCHENMAHLZEIT AM VORMITTAG -**
    mit Zuckergehalt, oder viel tierischen Fetten
- **OK GETRÄNKE AM VORMITTAG - ohne Zucker**
  - **GETRÄNKE AM VORMITTAG** - mit Zucker
- **OK MITTAGESSEN -FS (bewusst genießen)**
  - **GROSSE PORTION MITTAGESSEN -**
    mit Zuckergehalt, oder viel tierischen Fetten
  - **DESSERT** - mit Zucker
- **OK WALKING - nach dem Mittagessen zu BZ15**
  - **OHNE WALKING** - nach dem Mittagessen

Endergebnis Nachmittag:

OK WASSERMELONEN ODER OBST AM NACHMITTAG
- **GROSSE ZWISCHENMAHLZEIT AM NACHMITTAG -**
  mit Zuckergehalt, oder viel tierischen Fetten

OK GETRÄNKE AM NACHMITTAG - ohne Zucker
- **GETRÄNKE AM NACHMITTAG** - mit Zucker

OK ABENDESSEN -
  mindestens 5 Stunden vor dem Schlafengehen

OK ABENDESSEN -FS (bewusst genießen)
- **GROSSE PORTION ABENDESSEN -**
  mit Zuckergehalt, oder viel tierischen Fetten
- **DESSERT** - mit Zucker

OK WALKING - nach dem Abendessen zu BZ15
- **OHNE WALKING** - nach dem Abendessen

OK GETRÄNKE NACH DEM ABENDESSEN - ohne Zucker
- **GETRÄNKE NACH DEM ABENDESSEN** - mit Zucker
- **FESTE NAHRUNGSAUFNAHME** - kurz vor dem Schlafengehen

OK MINDESTENS 2 LITER FLÜSSIGKEIT -
  pro Tag getrunken
- **WENIGER ALS 2 LITER FLÜSSIGKEIT -**
  pro Tag getrunken
- **ALKOHOLKONSUM -**
  mehr als 3 dl Bier oder 1 dl Wein

___ **Summe - Endergebnis**

AUSWERTUNG
TAGESCHECK- Endergebnis:

Zählen Sie

Ihre **OK** Endergebnisse

von den Listen „Endergebnis Vormittag:

und Endergebnis Nachmittag:" zusammen.

Regelmäßig „**13 OK Endergebnisse**"

ergeben einen sicheren schlanken Bodyerfolg.

Zählen Sie

Ihre - (MINUS) Endergebnisse

von den Listen „Endergebnis Vormittag:

und Endergebnis Nachmittag:" zusammen.

Regelmäßige „MINUS Endergebnisse"

behindern Ihren optimalen Erfolg.

Als zusätzliche, genaue Kontrolle und Übersicht vom 19. bis Ende 21. Monat, haben Sie die Möglichkeit, Ihre TAGES- CHECK- Endergebnisse auf der nächsten Seite einzutragen.

ÜBERSICHT - TAGESCHECK- Endergebnisse

Monat:

	1	2	3	4	5	6	7	8	9	10	11	12	13	14	15	16
OK																
-																

	17	18	19	20	21	22	23	24	25	26	27	28	29	30	31
OK															
-															

Monat:

	1	2	3	4	5	6	7	8	9	10	11	12	13	14	15	16
OK																
-																

	17	18	19	20	21	22	23	24	25	26	27	28	29	30	31
OK															
-															

Monat:

	1	2	3	4	5	6	7	8	9	10	11	12	13	14	15	16
OK																
-																

	17	18	19	20	21	22	23	24	25	26	27	28	29	30	31
OK															
-															

•SCHLANKER BODY –
in weniger als 24 Monaten erreicht

Falls Ihr gewünschter, schlanker Body vor Beendigung des 24. Monats erreicht wurde, sollte für die dauerhafte Erhaltung Ihres Erfolges weiterhin eine tägliche Mindestbewegung in Ihrem Tagesablauf eingeplant werden (sowie nach 24 Monaten).

Siehe „NACH 24 MONATEN - MEIN SCHLANKPLANER -FS & WALKING".

• NACH 24 MONATEN - MEIN SCHLANKPLANER -FS & WALKING

Gratulation zu Ihrem schlanken Body. Gönnen Sie sich unbedingt eine besondere Belohnung!

Für eine dauerhafte Stabilisierung Ihres schlanken Bodys genießen Sie auch weiterhin einmal täglich einen Bewegungszielort BZ11, BZ13, BZ15, oder planen Sie 22 bis 30 Minuten Walking in Ihrem Berufsalltag ein.

Machen Sie eventuell nachträglich monatliche Bauchumfang- und Gewichtskontrollen.
Für die Eintragung Ihrer Ergebnisse können Sie die Liste „Vorlage 6 - NACHTRÄGLICHE KONTROLLE UND ÜBERSICHT"

„STABILITÄTSKONTROLLE - NACH DEM 24. MONAT BAUCHUMFANG UND GEWICHT" verwenden.

„Genießen Sie Ihre Vitalität"
auch mit anderen spaßmachenden, sportlichen Aktivitäten und nutzen Sie auch im Sommerurlaub das angenehme, warme Wasser am Meer für Ihre Bewegung (Schwimmen) am Morgen, zu Mittag sowie am Abend.

Bewegung ist Leben.

• **Vorlage 1 - KONTROLLE: BAUCHUMFANG UND GEWICHT 1-12**

1. bis 12. Monat:

MEIN SCHLANKPLANER -FS (Fitnessaktivierung)	Beginn Datum:	Bauchumfang:	Gewicht:
	Ende 1. Monat:	Bauchumfang:	Gewicht:
	Ende 2. Monat:		
	Ende 3. Monat:		
	Ende 4. Monat:		
	Ende 5. Monat:		
	Ende 6. Monat:		
	Ende 7. Monat:		
	Ende 8. Monat:		
	Ende 9. Monat:		
	Ende 10. Monat:		
	Ende 11. Monat:		
	Ende 12. Monat:		

- **Vorlage 2 - KONTROLLE: BAUCHUMFANG UND GEWICHT 13-24**

13. bis 24. Monat:

		Bauchumfang:	Gewicht:
MEIN SCHLANKPLANER -FS (Fitnessaktivierung)	Ende 13. Monat:		
	Ende 14. Monat:		
	Ende 15. Monat:		
	Ende 16. Monat:		
	Ende 17. Monat:		
	Ende 18. Monat:		
MEIN SCHLANKPLANER -FS & WALKING	Ende 19. Monat:		
	Ende 20. Monat:		
	Ende 21. Monat:		
	Ende 22. Monat:		
	Ende 23. Monat:		
	Ende 24. Monat:		

• **Vorlage 3 - BZ11 LISTE**

BEWEGUNGSZIELORTE 11 MINUTEN

BZ11- BEWEGUNGSZIELORTE 11 MINUTEN (Fitnessaktivierung) BZ11 LISTE	Mo	Di	Mi	Do	Fr	Sa	So	Ausgangsort:	Bewegungszielort:
1									
2									
3									
4									
5									
6									
7									
8									
9									
10									
11									
12									

· Vorlage 4 - BZ13 LISTE

BEWEGUNGSZIELORTE 13 MINUTEN

BZ13- BEWEGUNGSZIELORTE 13 MINUTEN (Fitnessaktivierung) BZ13 LISTE								Ausgangsort:	Bewegungszielort:
	Mo	Di	Mi	Do	Fr	Sa	So		
1									
2									
3									
4									
5									
6									
7									
8									
9									
10									
11									
12									

• **Vorlage 5 - BZ15 LISTE**

BEWEGUNGSZIELORTE (WALKING) 15 MINUTEN

BZ15- BEWEGUNGSZIELORTE 15 MINUTEN (Walking) BZ15 LISTE	Mo	Di	Mi	Do	Fr	Sa	So	Ausgangsort:	Bewegungszielort:
1									
2									
3									
4									
5									
6									
7									
8									
9									
10									
11									
12									

- **Vorlage 6 - NACHTRÄGLICHE KONTROLLE UND ÜBERSICHT**

STABILITÄTSKONTROLLE - NACH DEM 24. MONAT

BAUCHUMFANG UND GEWICHT

DATUM:	BAUCHUMFANG:	GEWICHT:

• MEIN SCHLANKPLANER - Fitnessmusik

Mit spezieller mp3-Fitnessmusik haben Sie die Möglichkeit, Ihren Bewegungszielort (BZ11, BZ13 oder BZ15) im körperschonenden Geh- oder Walking-Takt von 120 bis 125 **B**eats **p**ro **M**inute (BPM) zu erreichen.

Ab dem 1. Monat von MEIN SCHLANKPLANER -FS & WALKING können Sie zum Beispiel am Morgen Ihren Bewegungszielort BZ11 in 11 Minuten mit Fitnessmusik „**mySchlankbeat 11**" erreichen.

Besuchen Sie dazu die Webseite:

www.meinschlankplaner.info

Klicken Sie auf die Schaltfläche „**Fitnessmusik**"

und wählen Sie Ihren „**mySchlankbeat**".

> **mySchlankbeat 11** (11 Minuten Gehen mit 120 BPM)

> **mySchlankbeat 13** (13 Minuten Gehen mit 120 BPM)

> **mySchlankbeat 15** (15 Minuten Walking mit 125 BPM)

• LITERATURVERZEICHNIS

Adam, Prof. Dr. med. Olaf; Braun, Dr. Yvonne: **Die Zucker-Fett-Falle**. Gräfe und Unzer Verlag.
Brockhaus: **Der Brockhaus Ernährung**. Verlag F. A. Brockhaus.
Despeghel, Dr. Michael; Heufelder, Prof. Dr. Armin: **Ran an den Bauch!** Gräfe und Unzer Verlag.
Gerig, Urs: **Richtig Walken**. BLV Verlag.
Grimm, Dr. Hans-Ulrich: **Die Ernährungslüge**. Knaur Verlag.
Grimm, Dr. Hans-Ulrich: **Leinöl macht glücklich**. MensSana bei Knaur Verlag.
Löw, Harald: **Pflanzenöle**. Leopold Stocker Verlag.
Lübeck, Walter: **Grüner Tee heilkräftiger Genuss**. Windpferd Verlag.
Oberbeil, Klaus: **Fett macht fit**. Herbig Verlag.
Page, MD Kathleen A.; Chan, PhD Owen; Arora, MS Jagriti; Belfort-DeAguiar, MD, PhD Renata; Dzuira, PhD James; Roehmholdt, MD, PhD Brian; Cline, PhD Gary W.; Naik, MD Sarita; Sinha, PhD Rajita; Constable, PhD R. Todd; Sherwin, MD Robert S.: **Effects of Fructose vs Glucose on Regional Cerebral Blood Flow in Brain Regions Involved With Appetite and Reward Pathways**. JAMA The Journal of the American Medical Association - January 02, 2013, Vol 309, Nr. 1 PDF.
Ridgway, Judy: **Olivenöl - Das Handbuch für Genießer**. Benedikt Taschen Verlag GmbH.
Rüdiger, Margit: **Power Walking**. Gräfe und Unzer Verlag.
Schricker, Carolin; Eichinger, Dr. med. Walter; Lange, Prof. Dr. med. Rüdiger: **Walking**. BLV Verlag.
Simonsohn, Barbara: **Stevia sündhaft süß und urgesund**. Windpferd Verlag.
Strunz, Dr. med. Ulrich: **forever young**. Deutscher Taschenbuch Verlag.

• INTERNETQUELLENVERZEICHNIS

Seite 21:

[1]http://www.eu-umweltakademie.eu/aktuelles/ernaehrung/news-inhalt/article/suchtgefahr-der-gefraessig-macher-glutamat/ (Stand 2013-12-20)

Seite 25:

[2]http://www.steviaguarani.com.py/historia.html (Stand 2012-10-05)

[3]http://www.bmg.gv.at (Stand 2012-04-20) Amtsblatt der Europäischen Union vom 12. November 2011- Verordnung (EU) Nr. 1131/2011 der Kommission vom 11. November 2011.

Die Informationen und Tipps in diesem Buch wurden vom Autor nach bestem Wissen und Gewissen geplant, zusammengestellt und sorgfältig geprüft. Jedoch kann der Autor und der Verlag für entstandene Schäden irgendeiner Art, die mit der Anwendung der Informationen und Tipps aus diesem Buch resultieren, keine Haftung übernehmen.

www.tredition.de